U0626151

［美］克里斯汀·A.詹森 Kristen A. Jenson ［美］盖尔·波伊纳博士 Gail Poyner ／著   ［美］黛比·福克斯 Debbie Fox ／绘

Good Pictures Bad Pictures:Porn-Proofing Today's Young Kids

如何保护你的孩子
远离网络色情

美国青少年性教育第一书

中国青年出版社 CHINA YOUTH PRESS   中青文传媒

图书在版编目（CIP）数据

如何保护你的孩子远离网络色情：美国青少年性教育第一书 /（美）克里斯汀·A.詹森，
（美）盖尔·A.波伊纳著；（美）黛比·福克斯绘；中青文译.
—北京：中国青年出版社，2018.3
书名原文：GOOD PICTURES BAD PICTURES: Porn–Proofing Today's Young Kids
ISBN 978–7–5153–4945–9

Ⅰ.①如… Ⅱ.①克…②盖…③黛…④中…
Ⅲ.①互联网络－影响－青少年问题－研究②青少年教育－性教育－研究 Ⅳ.①C913.5②G479
中国版本图书馆CIP数据核字（2017）第251089号

Copyright © 2016 Kristen A. Jenson
All rights reserved. No part of this book, including illustrations and the CAN DO Plan™, except for brief
excerpts in articles or reviews, may be reproduced in any form or by any means without permission in
writing from the publisher, Glen Cove Press, PO Box 65, Richland WA 99352 or email GlenCovePress@
gmail.com.
Simplified Chinese translation copyright © 2018 by China Youth Press.
All rights reserved.

如何保护你的孩子远离网络色情：
美国青少年性教育第一书

作　　者：	（美）克里斯汀·A.詹森　盖尔·A.波伊纳
绘　　者：	（美）黛比·福克斯
译　　者：	中青文
责任编辑：	胡莉萍
美术编辑：	李　甦
出　　版：	中国青年出版社
发　　行：	北京中青文文化传媒有限公司
电　　话：	010–65511272 / 65516873
公司网址：	www.cyb.com.cn
购书网址：	zqwts.tmall.com
印　　刷：	北京博海升彩色印刷有限公司
版　　次：	2018年3月第1版
印　　次：	2022年10月第4次印刷
开　　本：	787×1092　1/16
印　　张：	4
京权图字：	01–2016–8029
书　　号：	ISBN 978–7–5153–4945–9
定　　价：	36.00元

版权声明

未经出版人事先书面许可，对本出版物的任何部分不得以任何方式或途径复制或传播，包括但不限于复印、录制、录音，或通过任何数据库、在线信息、数字化产品或可检索的系统。

中青版图书，版权所有，盗版必究

各方赞誉

这本书是每个家庭都需要的实用、积极、有力的工具。我真心向大家推荐定期和孩子一起阅读此书，帮助他们培养自控能力——自控能力正是防止色情危害的终极武器。

——威娜·戴维斯，犹他州反色情联盟执行理事

找到这本书太让我兴奋了，它让家长与孩子进行"敏感谈话"这件事变得像一起阅读一本书一样轻松温馨。这本书的各个方面都太棒了，内容既坦诚又开放，既冷静又让人安心。通过阅读这本书保护孩子并让他们变得强大，这是一种多么美好的方式啊！

——迪安娜·兰姆森，6个孩子的妈妈，教师，"白丝带周网站"创始人

我强烈推荐《如何保护你的孩子远离网络色情》。给孩子读这本书，就是在创造一个很好的机会，让我们探讨一些难以启齿的话题。书中呈现内容的方式能让孩子们感同身受，易于理解。

——格雷格，6个孩子的爸爸

这是一本每个家庭必读的书。这本书帮助我们和年幼的孩子开展关于色情作品危害的对话，简直是无价之宝。

——玛西亚·史迪威，5个孩子的妈妈

和孩子们一起阅读这本书是我为他们做过的最重要的事情之一。我曾目睹过色情作品是如何摧毁很多我心爱之人生活的，却不知道如何与我的孩子们深聊这个话题。直到遇见这本书，我才找到合适的方式和孩子们沟通，帮助他们抵御色情上瘾的旋涡。这本书有着字斟句酌的表达、对大脑两部分简洁有力的描述、"我说我可以"计划（相当于互联网设备的防火墙），这些都让我感到安心。我期待今后不断温习书中的内容。

——黛安，6个孩子的妈妈

这是一本卓越超群的书！这本书有着充分的证据、清晰的目标和有力的表达。我会把书送给我的孩子们，让他们读给我的孙子孙女听！

——简·加伯特，"白丝带周"家长教师协会组织17年的志愿者

"我说我可以"计划让每个孩子都能拥有拒绝色情作品的能力！

——安吉拉·佩吉，妇女尊严组织主席

阅读此书是让你和孩子开启关于色情作品这一尴尬话题的绝佳方式，书中提到的一系列表达方法让我们现在可以从容自如地讨论这一话题（这对于我这样容易尴尬、不善言辞的妈妈来说简直帮了大忙）。多亏了这本书，现在我的孩子们不会轻易受到色情作品的危害了，因为他们知道不论何时何地看到色情作品都应该怎样做了！

——珍妮，4个孩子的妈妈

这是一本绝妙的书！我原来真不知道应该何时与孩子们进行这场对话，但这本书使得开展对话变得如此轻松自然。我把书读给孩子们听（他们的年龄从4岁到12岁不等，其中两个还患有自闭症）。这本书用许多生活实例解释了大脑的运作方式，孩子们容易理解，我非常喜欢。现在孩子们知道看到色情图片时应该怎么做了，我感觉放心多了。

——珊迪恩·施文蒂曼

这本书真是大获成功！我太喜欢书里的内容了，它适用于任何想和孩子谈论"色情"这个尴尬话题的家长，谈话的方式也令人感觉舒服自在。

——辛迪·迪尔，5个孩子的妈妈

目 录

主动和孩子聊这个话题？是的，我们是认真的

你可能会问："和七岁的孩子聊色情作品？这一定是在开玩笑！难道不是应该等他们到了十二三岁的时候再聊这个话题吗？"大多数的人似乎都抱有这种想法，我们对此很理解。我们知道，父母们都想要保护孩子特有的天真无邪。但摆在我们眼前的严峻事实是，世界各地的许多孩子早在父母考虑给他们讲讲色情作品的危害之前，就开始观看互联网上露骨的色情作品了。

现代社会中，儿童很容易接触到网络色情作品。想象一下，一个八岁的小女孩听过了父母的"性教育谈话"，然后在生日的时候收到一部可以上网的电子设备，她对性有着纯真的好奇心，这驱使她上网搜索，她很快就看到了大量暴力的、低俗的、露骨的网络色情作品。曾经那个快乐外向的女孩变得沉默寡言、沮丧消沉，爸爸妈妈一开始并不了解原因，直到某一天，妈妈才偶然发现原来她养成了观看色情作品的习惯。

一个七岁男孩的表哥给他看了一本色情杂志。经过第一次震撼的接触之后，尽管他对性一无所知，他控制不住地想去找更多的裸露图片来看，之后，在互联网的作用下，他慢慢滑向了长期上瘾的深渊。

一个六岁的男孩被寄养的姐姐猥亵，导致他过早对性产生了兴趣。早在青春期到来之前，他就发现了网络色情作品。而直到他十七岁的时候，父母才发现了

一个令人震惊的事实：他多年来都在猥亵妹妹，一直隐瞒着自己对色情作品上瘾的事实。

我们撰写这本书正是为了这些孩子。听到在他们身上发生的悲剧故事，我们想做一些事情去帮助他们，然而每次去寻找解释色情作品上瘾的儿童读物，都空手而归。我们编写这本《如何保护你的孩子远离网络色情》就是想给家长提供一个有用的工具，让他们在孩子对色情作品产生兴趣之前就和他们进行对话，并且在这个年龄段，他们依然把父母当作可靠的信息来源。换句话说，我们要对色情作品主动出击：提前干预，帮助孩子对"图片毒药"的严重危害产生免疫力。

孩子易受色情作品诱惑并不令人意外。当今互联网的迅速发展为观看露骨色情作品创造了前所未有的机会，在任何连网的设备上都能看到，观看者完全匿名，并且价格低廉，孩子们也支付得起（甚至还有很多是免费的）。即使你的孩子没有移动上网设备，孩子的朋友也很可能会有，他们无法避免从网上接触到色情图片。

所以，互联网过滤器至关重要，但这远远不够。在孩子和色情作品的问题上，无知意味着危险。我们当今的社会文化充斥着性欲，所以要想让你的孩子有健康的性认识就需要尽早开始训练。这是为什么呢？孩子的大脑更容易受到色情作品的侵蚀，因为大脑天生就会模仿自己看到的东西，而孩子的大脑又没有足够的能力来控制这些模仿的冲动。观看色情作品可以改变大脑的神经通路，产生一种往往比毒品和酒精更难戒除的瘾。

而上瘾不是唯一的危险。尽管不是每个孩子都会对色情作品上瘾，但那些初次接触色情作品后选择继续观看的孩子，几乎百分之百都会受到不良影响。如今的互联网色情作品不再仅仅是过去男性杂志上那些静态的裸露图片了，而是已经发展出了成千上万种侮辱人格的暴力内容，包括强奸、与儿童性交、群交等等，其他恐怖的内容就不在这里一一列举了。

色情作品是一种邪恶的"仿造品"，它误导孩子们，让他们认为性行为是一种自我满足的正常方式，通常是以暴力的方式进行，而不是一种与信任的人建立充满爱的忠诚的关系。这样一来，观看色情作品的孩子很可能会建立起不健康的性观念，并因此很难和现实中的人建立、维持甚至想要获得一种长久的性关系。

所以，孩子们必须建立起自己的内部防火墙。我们称为"色情防御"。我们教给他们什么是色情作品，为什么色情作品会伤害大脑，他们可以怎样在不小心看到色情作品的时候把危害降至最低，通过这种方式，孩子们就能变得更强大，更有辨别力与抵抗力。你一定会爱上第八章提到的"我说我可以"计划！这个计划由简便易行的五个步骤组成，教给孩子必需的认知技能，帮助他们控制自己的想法和冲动。

开展对话至关重要。这本书的目标就是帮助你和孩子开启对话，谈一谈色情作品的危害。如果想得到更多的帮助孩子抵御色情危害的信息，请查看"保护年轻头脑"网站（ProtectYoungMinds.org），这是由本书作者克里斯汀·A.詹森创立并撰文的博客。

本书对于孩子来说易于阅读。书里的背景设定是轻松舒适的，讲的是一位妈妈和儿子坐在沙发上翻看家庭相册时，展开了一段对话，引出了关于色情作品的简单定义（我们站在孩子的角度，用他们听得懂的通俗语言来解释这个词，即使是之前没有了解过性行为具体内容的小孩子也能理解）。随后的章节让孩子们逐步了解上瘾是怎么一回事，他们"两个大脑"（感官脑和思维脑）的功能与作用——其中一个大脑可能诱使他们观看色情作品，而另一个大脑则可以掌握控制权，防止他们上瘾。

本书的结构清晰明了。前面七章解释了什么是色情作品，为什么大脑会受到诱骗，从而对色情作品上瘾。第八章提供了"我说我可以"计划，让孩子在看到色情作品时知道正确处理。第九章中爸爸出现了，他赞同妈妈关于色情作品危害性的观点，并解释了为什么色情作品会有类似毒品的危害。根据孩子的注意广度，结尾章节可以作为再一次的警示，也可以在后续讨论（希望你们有很多后续讨论）中用来回顾主要概念。在本书最后，我们专门为家长设计了一个实用的关键术语词汇表（书中第一次出现的术语用加粗表示），它对书中出现的专有名词进行了详细的解释，便于爸爸妈妈在给孩子进行安全教育之前对定义有一个明确的把握。

最有效利用这本书的四个窍门：

1. **慢慢来**。对于一些孩子来说，多花一段时间来阅读、讨论这本书效果更好（第五章之后和第八章之后会有自然的停顿）。

2. **鼓励孩子提问**。如果他们提出的问题难倒了你，你可以说："这是一个很好的问题！让我想一想再回答你。"

3. **根据需要来扩展、解释内容**。可以使用类比手法，或补充一些亲朋好友的故事、经历来更形象地讲清一些概念。如果你已经和孩子进行了关于性教育的谈话，可能适当拓展一下色情作品的定义会更有帮助（参见书末的术语词汇表）。这本书只是一个工具，针对你孩子的实际情况来调整它的用法，原则就是怎样对孩子更好就怎样用，而这一点，由你来决定。

4. **保持冷静**。羞耻感和保密只能放大色情作品的威力。如果你的孩子讲出他曾经看过色情作品，要好好利用这个机会问清楚他究竟看了、读了或者听了多少。

我们衷心感谢那些审阅、测试和支持这本书的家长们、孩子们和专业人士。我们坚信，只要做了充分的准备，孩子们就能学会保护自己的大脑免受色情作品的毒害，并拥有健康而美好的未来。

——克里斯汀·A.詹森，盖尔·A.波伊纳

■ 第一章　什么是色情作品

一个周日的下午，妈妈和我坐在沙发上翻看一摞家庭相册，其中我最喜欢的是去年夏天去海边旅行时拍的照片和亚当叔叔去年秋天结婚时的婚礼照片。

看完之后，妈妈的表情突然严肃了起来。

"有件事我想和你聊一聊，"妈妈说，"我们的相册里放的都是好图片，这些好图片告诉我们家人和朋友有多么重要。但是，世界上还有一些坏图片，你知道吗？"

我摇了摇头，"坏图片是什么意思？"

妈妈合上相册，看着我，认真地说道："我说的坏图片就是**色情作品**，或者叫淫秽作品。"

"色情作品是什么呢？"我问道。

"色情作品指的是人们穿得很少，

或者没穿衣服时拍摄的图片、视频，甚至卡通作品，你看过这样的图片吗？"妈妈问道。

我想了想，还真想起来一件事。

"我曾经在图书馆看过一本科普书，上面画着裸体的男人和女人，书上还标注了他们的身体部位，那个就是色情作品吗？"

妈妈微笑道："不是，科普书上的图画和色情作品是不同的。"

她打开相册，指着我和表兄妹在海边的照片。

"色情作品展示身体的隐私部位，也就是泳衣会遮住的部位。"

妈妈停下来想了一会儿。

"多数孩子一看到色情作品就会感觉那是不对的，有些孩子会说他们感到很尴尬，甚至恶心。"

"那孩子们为什么还要看呢？"我问道。

"色情作品十分狡猾，它能让你的身体兴奋起来。事实上，色情作品会诱使大脑分泌出大量化学物质，这些化学物质能让你的身体感觉非常舒适，但这仅仅是一瞬间的感受而已。然而，色情作品对大脑的刺激很容易带来大麻烦。"

妈妈用手指轻轻敲了一下我的头顶。

"麻烦就在于，色情作品会伤害你正在发育的大脑，观看色情作品可是很危险的。"

"妈妈，既然很危险，那孩子们怎么会找到这些作品呢？"

"很多孩子是在电脑上、电话里或者其他地方不小心发现的。有些孩子是由别人给他们展示了色情作品，甚至是从朋友或家人那里看到的。你遇到过这种情况吗？"

我摇摇头，"没有。"

"我很高兴。如果有一天遇到了，你会来告诉我吗？我保证不会为难你，但重要的是我要知道这件事，这样才能保护你。"

"当然了，妈妈……但我还是不明白为什么有人会看色情作品。"

妈妈沉思了一会儿，然后开口说道：

"小孩子都是有好奇心的，这很正常，有些孩子就对色情作品产生了好奇。对许多孩子来说，观看色情作品的欲望就像一个巨大磁铁的引力。他们看了一张色情图片，大脑就会受到诱惑，想看更多的图片。"

妈妈把双手放在我的肩上，看着我的眼睛。

"作为妈妈，我的职责之一就是提醒你警惕危险，比如我教会你在外面骑自

行车的时候要带上头盔保护脑袋，但色情作品会侵入你的大脑并伤害它。你想保护大脑，不让它受伤害吗？"

"当然，我想保护它，但色情作品会怎样伤害我的大脑呢？"

"色情作品至少有两种方式来伤害你的大脑。首先，它告诉你错误的待人方式，色情作品有时候会展示男人粗暴恶劣地对待女人，甚至伤害她们，并以此为乐，你觉得这是取乐的正确方法吗？"

"绝对不是。"我说道。

妈妈微笑了，用手臂搂住我的肩膀，"但色情作品的伤害不止如此，它对你大脑更严重的伤害在于，吸引你沉迷其中，最后严重**上瘾**。我想多给你讲一讲上瘾这回事，这样你就能保护你的大脑了。"

我学到了什么

　　色情作品指的是人们穿很少的衣服甚至没有穿衣服拍摄的作品。观看色情作品会同时产生两种相反的感觉。观看色情作品是很危险的，因为它会引诱大脑想看更多的色情作品，从而导致严重的上瘾。

·笔 记·

■ 第二章　什么是上瘾

"你知道什么是上瘾吗？"妈妈问道。

我指着妈妈一本杂志封面上的巧克力布朗尼圣代，"苏珊妮姨妈说她对巧克力上瘾。"我咧嘴笑着说道。

妈妈笑了起来，"有些人会拿上瘾开玩笑，但真正的上瘾是非常严重的问题，那些由于上瘾而无法控制自己的人叫作上瘾者。"

妈妈皱起眉头思考了一会儿。

"上瘾就像是一种十分顽固的习惯，多数上瘾者都感觉他们戒不掉——甚至再努力也没用，他们感觉就像掉入了一个逃不出的陷阱。"

"我想起奶奶以前抽烟，她那是上瘾了吗？"我问。

"是的，她花了很多年才戒掉烟瘾。我们家里还有几个人曾经对抗过酒精或药物上瘾。上瘾不

光是说对某样东西上瘾,人们还会对一些行为上瘾,比如赌博或者观看色情作品。"

"啊,人们会对看坏图片上瘾?"

"没错。有些人比其他人更经不起诱惑,更容易上瘾。但只要可以的话,你永远不要对任何事情上瘾。"

"为什么?那会怎么样呢?"

"多数上瘾者会做出错误的选择，结果伤害到自己和他们爱的人。他们经常对朋友和家人说谎，来掩饰自己上瘾的事实。当上瘾越来越严重的时候，他们会对朋友、学校，甚至对玩乐都失去兴趣。"

妈妈叹了口气，接着说："事实上，即使有医生的帮助，多数人也觉得摆脱上瘾极其困难。"

"为什么会这么困难呢？只要你愿意，停止不做不就可以了吗？"

"没有这么容易，这一切都和你的两个大脑有关。"

"等等，什么意思？我有两个大脑？"

妈妈轻声笑了，"其实，你只有一个大脑，但上瘾和大脑的两个部分有关，我们可以称为**感官脑**和**思维脑**。学习关于这两个大脑的知识可以保护你免受上瘾的危害。"

我学到了什么

上瘾就像染上一种极坏的习惯。上瘾者经常做出糟糕的选择，并通过说谎来掩饰上瘾。上瘾和大脑的两个部位相关：感官脑和思维脑。

·笔 记·

■ 第三章 我的感官脑

妈妈站起来，从书架上拿了一本书。她一页一页地翻过去，最后停在了一张画有人类大脑的图片上，我们坐在厨房洗手台旁一起看这张图片。

思维脑

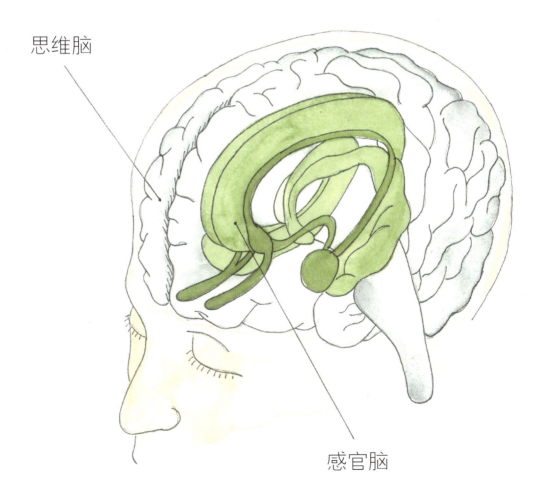

感官脑

妈妈指着图片说："你的感官脑就在中间的位置。感官脑由几部分组成，它们自动工作，维持你的生命。举个例子，你在天气很热的时候出去玩，会发生什么呢？"

"我会热得出汗。"

"对！那是因为你的感官脑给身体发出信号，帮助你凉快下来。

"那么你在天气很冷的时候出门，又没穿外套，会发生什么呢？"她问道。

"我会冻得发抖。"

"一点儿没错！那是因为你的感官脑发出信号，帮助你暖和起来。"

"你的感官脑负责掌管你的**内驱力**，维持你的生命。比如，感官脑让你感到饿了或者渴了，这样你就会想去吃东西，想喝水。感官脑有一种特殊的**奖赏系统**，让你在吃饭喝水等时候感到愉快，这样你才能维持生命，感官脑的主要工作就是让你在做重要事情的时候感到愉快。"

"所以我才会那么喜欢吃冰激凌吧！"

妈妈微笑道："你的感官脑对于你的生存至关重要，但它也需要你的帮助。"

"为什么？"我好奇地问道。

"因为感官脑不会区分对与错。这有点儿像猎豹追捕羚羊——猎豹猎杀羚羊是为了获取食物。站在它们的角度来看，这并没有对错之分，在饥饿的时候就要猎杀，这是它们的生存本能。"

"但人类和动物不同，"妈妈解释道，"人类有能力思考自己的行为，而不是总依靠感觉行事。"

"所以思维脑就像妈妈一样，会告诉孩子不要吃那么多冰激凌。"我开玩笑道。

"就是这样！"妈妈眨眨眼，我们一起笑了起来。

我学到了什么

　　我的感官脑负责维持生命，它让我感觉到饿，让我感觉到渴，让我的身体保持合适的温度。感官脑让我想得到它认为我需要的东西，然后在我不断获取这些东西的时候奖励我愉快的感觉。但是，感官脑有一个很大的弱点：它不会区分对与错。

· 笔 记 ·

■ 第四章　我的思维脑

妈妈用手指轻轻敲了敲我的额头。

"你大脑前面的这部分就是你的思维脑，它帮助你解决问题，比如做数学作业，或者想出怎样建一座堡垒。你的思维脑可以制订计划，让你练习自我控制，比如控制脾气。但更重要的是，你的思维脑能够区分对与错。它可以学会怎样做出更好的选择，因为它记得选择不当带来的后果。思维脑可以帮助你停下来，想一想，然后做出正确的决定。"

妈妈指着思维脑的一张示意图。

"你能想到思维脑帮助你的一个例子吗？"妈妈问道。

我认真地思考了一下。

"嗯，我学会了对弟弟生气的时候不打他。"

妈妈笑了。

"对。你越来越擅长控制愤怒，因为你的思维脑学会了停下来想一想打弟弟有什么不好的后果。"

"我的思维脑能帮助我免于上瘾吗？"

思维脑

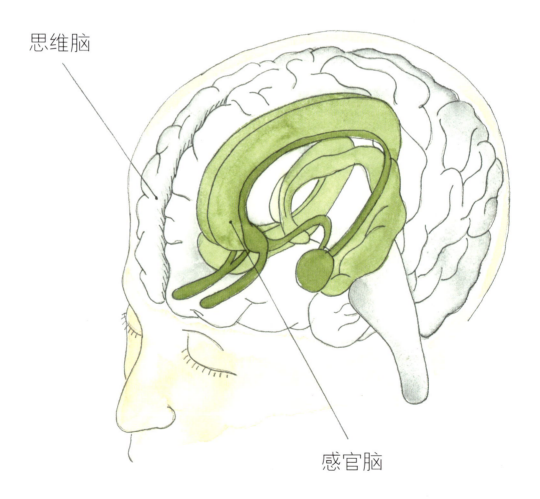

感官脑

　　"可以。每次你决定做出正确的选择，你的思维脑都会变得更强，从而帮助你免于上瘾等危害。这和锻炼肌肉差不多——你练得越多，它就越强。"

　　我绷紧手臂上的肌肉，"我才知道，原来大脑能像肌肉一样进行锻炼！"

　　妈妈俯身抱住了我，"是的，做出正确的决定，你就能变得更加强壮。"

我学到了什么

　　我的思维脑帮助我解决问题，控制自己，在对与错、好与坏之间做出明智的选择。通过锻炼，我可以让我的思维脑变得更强大！

· 笔 记 ·

■ 第五章　两个大脑相互协作

　　妈妈站了起来，我们走到窗边，看着外面热闹的街道。

　　"事实上，两个大脑不是分开的，它们是一起协作的。我举个例子，你就知道我们的两个大脑是如何协作的了。假设现在是一个炎热的夏日午后，你饿了，一辆冰激凌车停在了马路对面。"

　　她举起左拳。

　　"这是你的感官脑，它想去吃冰激凌，所以它说：'立刻去买冰激凌！'"

妈妈举起右手，"但是你的思维脑说：'停！当心马路上的车！'"

妈妈把两只手放在一起，右手包住左拳。

"在思维脑的领导下，两个大脑协调工作，既能保证你的安全，又能让你得到想要的东西。但当上瘾削弱了思维脑的功能时，感官脑就会占据领导地位，做出全部的决定。你觉得这时会发生什么呢？"

我想了一会儿。

"嗯，我可能会跑到马路上，被车撞倒……因为我不会思考要先看看两边是否有车过来。"

"对。没有了思维脑发挥作用，你的感官脑就会为所欲为，甚至做出危险的事情，

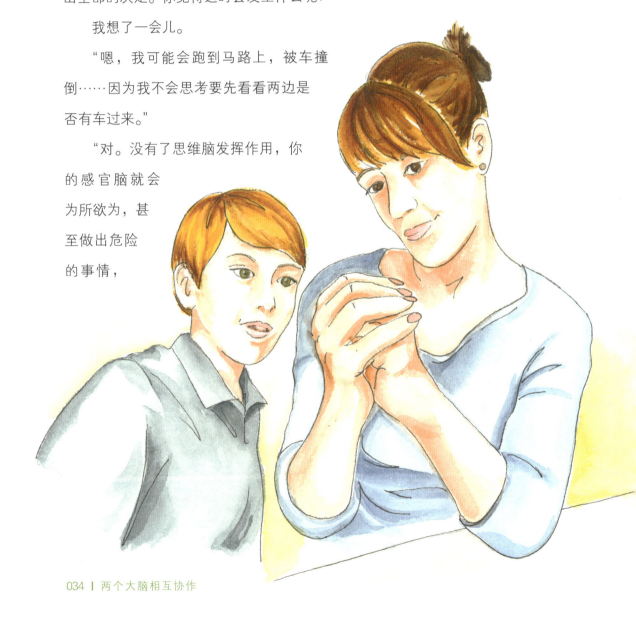

所以，我们需要让哪个大脑来进行控制呢？"

"思维脑！"

"完全正确。"妈妈点点头。

"妈妈，讨论了半天冰激凌，我的两个大脑都想吃啦！"我笑着说。

妈妈微笑道："晚饭后再吃怎么样？你可以帮我一起准备冰激凌，我们还可以继续聊聊怎样保护我们的大脑，不受上瘾和色情作品的危害。"

虽然我现在就想吃冰激凌，但我用思维脑帮助自己，决定等到晚饭后再吃。

我学到了什么

　　我的两个大脑都很重要，但在我的成长过程中，我需要保证思维脑处于主导地位，因为感官脑不会在行动之前先停下来思考。让思维脑保持控制地位，我就能保证自己的安全。

·笔 记·

■ 第六章　大脑的吸引中心

晚饭后，我和妈妈坐在餐桌旁吃冰激凌。

我吃完了最后一勺，妈妈问我："你知道吗，有些人觉得色情作品上瘾比毒品上瘾更难戒掉。"

"真的吗？为什么？"

"一个原因是，色情作品可以激活我们感官脑中最强有力的部位之一，它叫作**吸引中心**。"

"吸引中心？"

妈妈再一次打开书，指着大脑示意图的一部分。

"每个人都有一个吸引中心，这是感官脑的一部分。当我们还是孩子的时候，这部分处于关闭状态；等我们

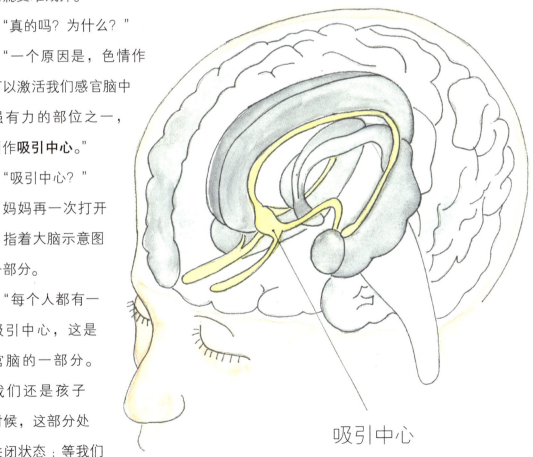

吸引中心

长大了，这部分才会开启。吸引中心会制造激动和幸福的感觉，让人坠入爱河，它让人们想要靠近彼此。"

我翻了个白眼，"这有什么重要的？"

妈妈揉了揉我的头发。

"如果没有了吸引中心，妈妈们和爸爸们就不会相互吸引，想要结婚。如果他们没有相爱相伴，他们就不会有孩子。如果他们没有孩子，人类就不能生存下来……这就意味着你不会存在啦！"

"哦，这么说，它确实很重要。"我不好意思地笑了。

"你还要记住一个重要的事情，那就是色情作品会诱骗人们相信一些谎言。"

"哪种谎言？"

"我们知道，每个人都有感情，都希望被人善待，但色情作品会诱使你认为人是可以被使用的物品，而不是有感情的活生生的人，这就是色情作品对观看者说的一个谎言。"

"难道人们不知道那些图片不是真实的吗？观看表演能带来什么问题呢？"

"这个问题问得好。吸引中心能够让现实中的人们走到一起，但它分辨不出图片和真人。观看色情作品会诱使大脑产生非常强有力的感觉，令人难以控制，尤其是对还不足够强大可以保护自己的小孩子，色情作品的冲击更大，这就会成为一个大问题。"

妈妈从地板上拿起弟弟的玩具赛车，"假设这是辆真车，油门就像我们的吸引中心，刹车就像我们的思维脑。假如你猛踩油门，而刹车又失灵了，这时会发生什么呢？"

"我会撞车，会受伤。"

"对。色情作品十分危险，因为观看色情作品会让你的感官脑和其中的吸引中心处于支配你的地位。要过很长一段时间，你的思维脑才能变得足够强大，才能控制这种感觉，在这之前，它会导致失控的上瘾。"

妈妈把赛车递给我，"所以，遇到坏图片的时候，你会怎么做呢？"

"我会让思维脑保持控制地位，不去看色情图片。"

妈妈露出了赞许的笑容，揽住我的肩膀夸奖道："你能做出明智的选择，我很为你骄傲！"

我学到了什么

　　我的吸引中心是感官脑的一部分，它极其强大，因为它有一项至关重要的作用——让爸爸妈妈们走到一起，建立家庭。但是色情作品会诱骗我的吸引中心，让它在我的思维脑还不能够控制自己的时候就过早开始工作，这就是我要远离坏图片的原因。

· 笔 记 ·

■ 第七章　色情作品如何诱使大脑上瘾

我和妈妈从餐桌旁起身，一起去刷盘子。

"妈妈，你说一个孩子会因为仅仅看了一张坏图片就上瘾吗？"

"多数孩子不会，但有些孩子因为没有做好准备，所以可能很快就被迷住。"

"为什么会这么快呢？"

"我试着给你解释一下。色情作品会诱使大脑分泌出大量的化学物质，这些化学物质让观看的人感觉良好，至少在一段短暂的时间内感觉良好。色情作品上瘾的可怕之处在于，大脑会被骗，从而给自己分泌'毒素'。"

"真的吗？"

"是的。现在许多科学家认为，观看色情作品和服用强效毒品会对大脑产生相同的效果，观看色情作品甚至还会让大脑的一部分萎缩！"

"太可怕了！"

"是啊！你已经知道了绝不能尝试非法的、有害的药物，但在某些方面色情作品甚至更可怕。尽管毒品上瘾很难戒除，但至少身体有办法在几天之内排出毒素。和身体内的毒品不同，大脑是无法代谢掉色情信息的，一旦看到那些触目惊心的图片，你就永远都忘不掉了。"

"还有这回事儿？！"

"的确是这样的。一旦某人对观看色情作品产生了兴趣，他的吸引中心就会产生强烈的**渴望**去寻找新的坏图片。渴望指的是想要得到某样东西的强烈愿望，这就意味着你太想要这样东西了，你很难再去考虑其他任何事了。"

"所以是吸引中心想要看更多的色情作品，这是为什么呢？"

"因为大脑会厌倦旧东西，喜欢新东西。你还记得自己上一次对新东西感到兴奋是什么时候吗？"

"当然记得了！是我刚买到遥控卡车的时候，我存了好久的零花钱才买到的！"

"这个例子真不错！"妈妈微笑着说，"那再想想，你上一次对旧东西感到厌倦又是什么时候？"

我和妈妈讲起了我去年得到的礼物——"犯罪克星侦探工具包"。生日前的好几周，我都心心念念想得到它，但现在我几乎不怎么玩儿了。

妈妈点点头，"色情作品上瘾也是这个道理。当人们对旧图片感到厌倦时，就会去寻找更加刺激的图片和视频，这样才能体会到最初的那种兴奋感。要满足这种瘾，就要不断寻找新鲜的、更极端的色情作品。"

"哇！我可不想上瘾！"

"我也不希望。问题在于，色情作品会很快使身体产生兴奋感，这个过程不到半秒钟就会发生，你甚至都来不及扭头不看。即使只看到一张图片，孩子就会对色情作品产生极大的好奇心。但是，好在你可以选择及时对这种兴奋感和好奇心踩住刹车，这样就可以避免上瘾了。"

"应该怎么做呢？"

"问得好！"妈妈敲敲我的额头，"调动你的思维脑，你就可以做到——只要遵照一个训练计划！"

我学到了什么

对色情作品的记忆会激发强烈的渴望，让人想看更多的色情图片和视频，但大脑又会很快感到厌倦。当人们开始寻找新的、更刺激的色情作品来让吸引中心感到兴奋时，他们其实就上瘾了。为了避免上瘾，思维脑需要一个训练计划。

· 笔 记 ·

■ 第八章 思维脑的"我说我可以"计划

妈妈说，我应该尽可能远离色情作品，但是如果我不小心遇到了，可以按照这个"我说我可以"计划行事。

我要马上闭上双眼；

说给信任的大人听；

我要指出这是色情作品；

可以做点儿别的事分散注意力；

以思维脑控制自己。

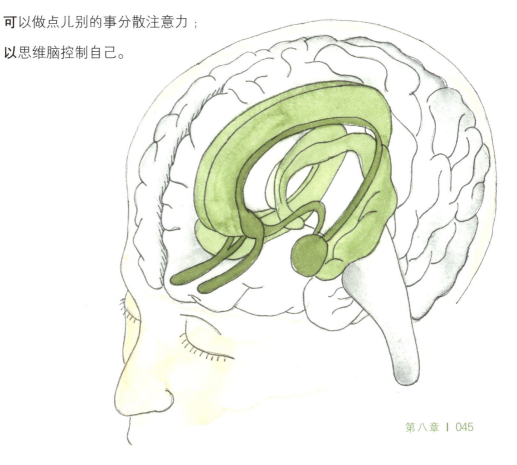

我要马上闭上双眼

抵抗色情图片，我们要分秒必争，因为看得时间越长，它留下的记忆越强烈。先闭上眼睛，再转过脸去。如果我在上网，我可以不看屏幕，直接关掉电脑，关掉电脑比试着关掉网页更加明智。

说

说给信任的大人听

对观看色情作品的事情保密绝不是一个好主意。妈妈说，如果我看到了坏图片不说出来，它会让我更加心烦意乱。如果实在难以启齿，我可以留一张字条给大人，这样，爸爸妈妈就知道找一个合适的时间和我聊聊了。

如果在某个地方，有人给我看色情作品，我可以给爸爸妈妈发一条密语，比如"我肚子不舒服"，提醒他们来接我回家。

妈妈：
今天我在上
网的时候看到了
一张图片……

我要指出这是色情作品

只要看到色情图片，就一定要悄悄但坚定地说出："这是色情作品！"说出来就能帮助我的思维脑认识到这是色情作品，然后拒绝它！

我的家人决定帮助彼此，只要看到色情作品就要识别出来，即使我们在公共场所，我们也可以悄声对彼此说："这是色情作品！"

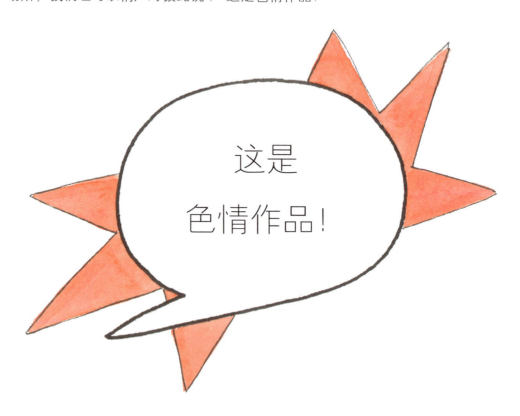

可

可以做点儿别的事分散注意力

用一些积极、有趣的，或者需要消耗体力的事情来分散注意力。当一张图片烦扰我的时候，我可以通过锻炼身体的方式来分散注意力，比如骑自行车、遛狗，或者和朋友做个有趣的游戏。

妈妈告诉我，有些孩子会通过其他方式转移对色情作品的注意力，比如背诵一首鼓舞人心的诗歌，唱一首欢快的歌曲，或者如果他们有宗教信仰的话，可以做一段祷告。

我可以训练我的思维脑，只要色情图片出现在我的脑海中，我就去想一些其他的事情，我可以选择去关注别的东西。在不断练习之后，我就不会再受这些坏图片的打扰了。

以思维脑控制自己

　　我可以决定永远不去寻找更多的色情作品，特别是在我不小心看到之后更要如此。一个让思维脑来控制自己的好方法就是，和你的感官脑来一场对话。

　　"感官脑，你可能很好奇，想要看到更多的坏图片。但是，我决定让思维脑来主导，远离色情作品。"

　　我能做到！我能通过决定不看色情作品，通过学着控制我的想法，来让思维脑变得更强大！

■ 第九章　我能远离色情毒药

第二天，一吃完晚饭，我就和爸爸赶紧到车库里修我的自行车。

"嘿，我听说你和妈妈昨天在讨论坏图片。"爸爸开口问道。

"那叫色情作品，爸爸。"

爸爸笑了，"嗯，你妈妈说得很对——色情作品会伤害你的大脑。"

他拿起一把扳手，和我一起修起了自行车。我们装上了新座椅和新车把，自行车焕然一新!

"谢谢爸爸! 它看起来就像新的一样，太棒了! "

我骑车出去兜风，一路呼啸回来。爸爸等我把车停回车库里，就收起工具，从一个上锁的柜子里拿出一个盒子，举给我看。

"你知道这是什么吗? "他问道。

我看了看上面的字，"这是毒药吗? "

"是的，这是老鼠药。这些诱饵对老鼠而言是美味，老鼠会误把它当作食物吃下去，但只要吃上几口，毒药就会把老鼠杀死。"

爸爸把毒药放回柜子，锁了起来。

"色情作品和毒药诱饵十分相像，事实上，兜售色情作品的人会把它放在网络上、电视上、标志牌上和杂志上，试图迷惑你。最开始，色情作品似乎是个好东西，因为它会让你的身体感到兴奋。在你还没来得及思考的时候，它就会损伤你的大脑，这和毒药非常相似。"

"妈妈说，万一我看到了坏图片，我要说出'那

那是毒药!

是色情作品'，然后立即远离它。"

"没错。如果老鼠会说'那是毒药'，然后立即跑开，你觉得它还会受到伤害吗？"

"我想不会的。"

"如果你识别出色情诱饵，远离它，你就可以保证大脑的安全了。"

爸爸给了我一个大大的拥抱。

"记得我们说过的话：如果你今天做出了正确的选择……"

"明天就会发生好事情！"我接道。这句话爸爸说过无数遍，我早已背得滚瓜烂熟。

我们都笑了。

"记住，无论什么时候，只要你想聊一聊，我都会陪你。"

"谢谢爸爸。"

妈妈打开车库大门，微笑着说道："嘿，我给你俩和你们的最新大作拍张合影吧！"

妈妈按下快门，闪光灯亮了。

爸爸为我们打开厨房门，关上了车库的灯，"不知道你怎么样，反正我是准备好吃甜点了！"

一烤盘热腾腾的布朗尼蛋糕早已摆在了餐桌上，我们轮流用锅铲铲起蛋糕。

妈妈把数码相机递给我们，让我们看她给我和爸爸拍的照片。

妈妈微笑道："这些都是好图片，要放进我们的家庭相册里，这都是美好的回忆。"

我看着自己和爸爸的照片，就知道了这是那种我想保存在大脑里的图片。

而对色情作品，我要用我的思维脑控制好自己，现在"我说我可以"了。

 我要马上闭上双眼

 说给信任的大人听

 我要指出这是色情作品

 可以做点儿别的事
分散注意力

 以思维脑控制自己

瘾：瘾是大脑奖赏系统的一种慢性疾病。功能失常的奖赏系统会产生强烈的渴望，让人想得到令其上瘾的物质或者去做上瘾的行为。这些上瘾的物质或行为会导致上瘾者失去控制，不由自主地做出不计后果的事情。上瘾者会发展出耐受性，所以他们需要更大强度的刺激来满足自己，当他们不能使用上瘾的药物，或者不能继续他们上瘾的行为，就会产生一系列戒断症状。多数上瘾者都会经历复发和缓解的循环，如果不治疗，上瘾就会愈发严重，甚至会导致残疾或者过早死亡。

吸引中心：大脑中和性吸引与性唤起相关的结构。

化学物质：由原子和分子组成的物质。大脑中的化学物质就像载有信息的信号一样，从大脑中的一部分传递到另一部分。

渴望：渴望就是强烈的愿望。渴望比饥饿更加强烈，是一种对特定事物的强烈渴求。渴望的力量十分强大，可以让上瘾者从安睡中惊醒。

内驱力：一种驱动我们行为的强大需求或本能，比如饥饿或性欲。

感官脑：大脑的边缘部分，负责我们的情绪、生存本能以及愉悦感，记忆和学习也与大脑边缘系统有关。

色情作品：（简单定义）色情作品指的是人们穿得很少，或者没穿衣服拍摄的图片、视频，甚至卡通作品。（进阶定义）通过展示裸体或性行为来激起性欲的各类媒体，如图片、视频、歌曲或故事。

奖赏系统：大脑的这些部分负责对生存的关键行为产生愉快或满足的感觉，上瘾会破坏这一系统，使其对不利于生存的行为也进行奖赏。

思维脑：大脑的这一区域叫作前额皮层，负责对边缘系统的需求起到抑制作用。前额皮层可以学会分辨是非，制订计划以及解决问题。当上瘾症将人的力量和控制权转移给边缘系统（或感官脑）时，前额皮层会缩小。使前额皮层更强大的方法包括专注的冥想、练习自律，以及按计划行动实现目标等。

克里斯汀·A. 詹森

美国畅销书作家、演讲人，热门播客节目、网络研讨会和广播电台的嘉宾。她曾接到一个深夜来电，一位心力憔悴的母亲向她哭诉自己的儿子因为色情片上瘾导致的种种悲剧后果，这一事件激发了克里斯汀投身儿童保护的事业中，她创立了"保护年轻头脑"网站，并常在上面撰写博文，呼吁父母、学校与政府重视儿童与青少年免受色情片毒害的问题，并积极致力于终止性剥削联盟预防特别小组的工作。

盖尔·A. 波伊纳博士

俄克拉荷马心理协会主席，著名执照心理医师，开办了波伊纳心理服务诊所。她为儿童和成人一系列心理障碍提供治疗服务，其中包括色情片上瘾和预防咨询。

克劳汀·加拉赫

英语硕士，主攻写作和修辞。作为《如何保护你的孩子远离网络色情》一书两位作者的写作教练和研究助理，她帮助组织家长与孩子进行测试，并收集反馈意见，对本书的创作做出了巨大的贡献，此外，她还是"保护年轻头脑"网站的幕后工作者。

黛比·福克斯

杨百翰大学毕业，主修艺术专业。她的插画色彩鲜亮，线条柔和，富有创意，恰到好处地展示了故事的情节，使这本书的主题更加生动形象。